Forty Two Publishing

C000264394

Property of:

_____

Date:

_____

If found, please contact me using the details below:

Location: _____

Date: _____ Weather: _____

GPS Coordinates: _____

Metal Detector Model: _____

Metal Detector Settings: _____

Location Rating: | 1 | 2 | 3 | 4 | 5 | 6 | 7 | 8 | 9 | 10 |

Poor ◀━━━━━━ ━━━━━━▶ Excellent

Items Found:

_____

_____

_____

_____

_____

_____

_____

_____

_____

_____

_____

_____

Notes:

_____

_____

_____

_____

_____

Location: _____

Date: _____ Weather: _____

GPS Coordinates: _____

Metal Detector Model: _____

Metal Detector Settings: _____

Location Rating: [1] [2] [3] [4] [5] [6] [7] [8] [9] [10]

Poor ◄━━━━━━━━ ━━━━━━━━► Excellent

Items Found:

_____

_____

_____

_____

_____

_____

_____

_____

_____

_____

_____

Notes:

_____

_____

_____

_____

_____

Location: _____

Date: _____   Weather: _____

GPS Coordinates: _____

Metal Detector Model: _____

Metal Detector Settings: _____

Location Rating: | 1 | 2 | 3 | 4 | 5 | 6 | 7 | 8 | 9 | 10 |

Poor ◀———————— ————————▶ Excellent

Items Found:

_____

_____

_____

_____

_____

_____

_____

_____

_____

_____

_____

Notes:

_____

_____

_____

_____

_____

Location: _____

Date: _____ Weather: _____

GPS Coordinates: _____

Metal Detector Model: _____

Metal Detector Settings: _____

Location Rating: | 1 | 2 | 3 | 4 | 5 | 6 | 7 | 8 | 9 | 10 |

Poor ◄——————————   ——————————► Excellent

Items Found:

_____

_____

_____

_____

_____

_____

_____

_____

_____

_____

Notes:

_____

_____

_____

_____

Location: _____

Date: _____ Weather: _____

GPS Coordinates: _____

Metal Detector Model: _____

Metal Detector Settings: _____

Location Rating: | 1 | | 2 | | 3 | | 4 | | 5 | | 6 | | 7 | | 8 | | 9 | | 10 |

Poor ◄——————— ———————► Excellent

Items Found:

_____

_____

_____

_____

_____

_____

_____

_____

_____

_____

_____

Notes:

_____

_____

_____

_____

_____

Location: _____

Date: _____   Weather: _____

GPS Coordinates: _____

Metal Detector Model: _____

Metal Detector Settings: _____

Location Rating: [1] [2] [3] [4] [5] [6] [7] [8] [9] [10]
Poor ◄━━━━━━━━━   ━━━━━━━━━► Excellent

Items Found:

_____

_____

_____

_____

_____

_____

_____

_____

_____

_____

_____

Notes:

_____

_____

_____

_____

_____

Location: _____

Date: _____ Weather: _____

GPS Coordinates: _____

Metal Detector Model: _____

Metal Detector Settings: _____

Location Rating: | 1 | 2 | 3 | 4 | 5 | 6 | 7 | 8 | 9 | 10 |
Poor ◄─────────────   ─────────────► Excellent

Items Found:

_____

_____

_____

_____

_____

_____

_____

_____

_____

_____

_____

Notes:

_____

_____

_____

_____

_____

Location: _____

Date: _____   Weather: _____

GPS Coordinates: _____

Metal Detector Model: _____

Metal Detector Settings: _____

Location Rating: | 1 | 2 | 3 | 4 | 5 | 6 | 7 | 8 | 9 | 10 |

Poor ◄———————— ————————► Excellent

Items Found:

_____

_____

_____

_____

_____

_____

_____

_____

_____

_____

_____

_____

Notes:

_____

_____

_____

_____

Location: _____

Date: _____ Weather: _____

GPS Coordinates: _____

Metal Detector Model: _____

Metal Detector Settings: _____

Location Rating: | 1 | | 2 | | 3 | | 4 | | 5 | | 6 | | 7 | | 8 | | 9 | | 10 |

Poor ◄——————— ———————► Excellent

Items Found:

_____

_____

_____

_____

_____

_____

_____

_____

_____

_____

_____

Notes:

_____

_____

_____

_____

_____

Location: _____

Date: _____   Weather: _____

GPS Coordinates: _____

Metal Detector Model: _____

Metal Detector Settings: _____

Location Rating: | 1 | | 2 | | 3 | | 4 | | 5 | | 6 | | 7 | | 8 | | 9 | | 10 |

Poor ◀——————— ———————▶ Excellent

Items Found:

_____

_____

_____

_____

_____

_____

_____

_____

_____

_____

Notes:

_____

_____

_____

_____

_____

Location: _____

Date: _____ Weather: _____

GPS Coordinates: _____

Metal Detector Model: _____

Metal Detector Settings: _____

Location Rating: | 1 | 2 | 3 | 4 | 5 | 6 | 7 | 8 | 9 | 10 |

Poor ◄────────── ──────────► Excellent

Items Found:

_____

_____

_____

_____

_____

_____

_____

_____

_____

_____

Notes:

_____

_____

_____

_____

_____

Location: _____

Date: _____ Weather: _____

GPS Coordinates: _____

Metal Detector Model: _____

Metal Detector Settings: _____

Location Rating: | 1 | 2 | 3 | 4 | 5 | 6 | 7 | 8 | 9 | 10 |

Poor ◄———————— ————————► Excellent

Items Found:

_____

_____

_____

_____

_____

_____

_____

_____

_____

_____

_____

Notes:

_____

_____

_____

_____

Location: _____

Date: _____   Weather: _____

GPS Coordinates: _____

Metal Detector Model: _____

Metal Detector Settings: _____

Location Rating: | 1 | 2 | 3 | 4 | 5 | 6 | 7 | 8 | 9 | 10 |

Poor ◄——————   ——————► Excellent

Items Found:

_____

_____

_____

_____

_____

_____

_____

_____

_____

_____

_____

Notes:

_____

_____

_____

_____

Location: _____

Date: _____ Weather: _____

GPS Coordinates: _____

Metal Detector Model: _____

Metal Detector Settings: _____

Location Rating: | 1 | 2 | 3 | 4 | 5 | 6 | 7 | 8 | 9 | 10 |

Poor ◄———————— ————————► Excellent

Items Found:

_____

_____

_____

_____

_____

_____

_____

_____

_____

_____

_____

_____

Notes:

_____

_____

_____

_____

_____

Location: _____

Date: _____ Weather: _____

GPS Coordinates: _____

Metal Detector Model: _____

Metal Detector Settings: _____

Location Rating: | 1 | | 2 | | 3 | | 4 | | 5 | | 6 | | 7 | | 8 | | 9 | | 10 |

Poor ◄—————— ——————► Excellent

Items Found:

_____

_____

_____

_____

_____

_____

_____

_____

_____

_____

Notes:

_____

_____

_____

_____

_____

Location: _____

Date: _____ Weather: _____

GPS Coordinates: _____

Metal Detector Model: _____

Metal Detector Settings: _____

Location Rating: | 1 | 2 | 3 | 4 | 5 | 6 | 7 | 8 | 9 | 10 |
Poor ◄━━━━━━━ ━━━━━━━► Excellent

Items Found:

_____

_____

_____

_____

_____

_____

_____

_____

_____

_____

_____

_____

Notes:

_____

_____

_____

_____

_____

Location: _____

Date: _____ Weather: _____

GPS Coordinates: _____

Metal Detector Model: _____

Metal Detector Settings: _____

Location Rating: | 1 | 2 | 3 | 4 | 5 | 6 | 7 | 8 | 9 | 10 |

Poor ⬅——————➡ Excellent

Items Found:

_____

_____

_____

_____

_____

_____

_____

_____

_____

_____

_____

Notes:

_____

_____

_____

_____

Location: _____

Date: _____ Weather: _____

GPS Coordinates: _____

Metal Detector Model: _____

Metal Detector Settings: _____

Location Rating:

| 1 | 2 | 3 | 4 | 5 | 6 | 7 | 8 | 9 | 10 |

Poor ◄—————— ——————► Excellent

Items Found:

_____

_____

_____

_____

_____

_____

_____

_____

_____

_____

_____

Notes:

_____

_____

_____

_____

_____

Location: _____

Date: _____ Weather: _____

GPS Coordinates: _____

Metal Detector Model: _____

Metal Detector Settings: _____

Location Rating: | 1 | 2 | 3 | 4 | 5 | 6 | 7 | 8 | 9 | 10 |

Poor ◄——————— ———————► Excellent

Items Found:

_____

_____

_____

_____

_____

_____

_____

_____

_____

_____

Notes:

_____

_____

_____

_____

Location: _____

Date: _____ Weather: _____

GPS Coordinates: _____

Metal Detector Model: _____

Metal Detector Settings: _____

Location Rating: | 1 | | 2 | | 3 | | 4 | | 5 | | 6 | | 7 | | 8 | | 9 | | 10 |
Poor ◄——————— ———————► Excellent

Items Found:

_____

_____

_____

_____

_____

_____

_____

_____

_____

_____

_____

Notes:

_____

_____

_____

_____

_____

Location: _____

Date: _____   Weather: _____

GPS Coordinates: _____

Metal Detector Model: _____

Metal Detector Settings: _____

Location Rating: | 1 | | 2 | | 3 | | 4 | | 5 | | 6 | | 7 | | 8 | | 9 | | 10 |
Poor ◄—————— ——————► Excellent

Items Found:

_____
_____
_____
_____
_____
_____
_____
_____
_____
_____
_____

Notes:

_____
_____
_____
_____
_____

Location: _____

Date: _____ Weather: _____

GPS Coordinates: _____

Metal Detector Model: _____

Metal Detector Settings: _____

Location Rating: | 1 | 2 | 3 | 4 | 5 | 6 | 7 | 8 | 9 | 10 |
Poor ◄———————— ————————► Excellent

Items Found:

_____

_____

_____

_____

_____

_____

_____

_____

_____

_____

_____

_____

Notes:

_____

_____

_____

_____

_____

Location: _____

Date: _____   Weather: _____

GPS Coordinates: _____

Metal Detector Model: _____

Metal Detector Settings: _____

Location Rating: | 1 | 2 | 3 | 4 | 5 | 6 | 7 | 8 | 9 | 10 |
Poor ◄──────────   ──────────► Excellent

Items Found:

_____
_____
_____
_____
_____
_____
_____
_____
_____
_____
_____

Notes:

_____
_____
_____
_____
_____

Location: _____

Date: _____ Weather: _____

GPS Coordinates: _____

Metal Detector Model: _____

Metal Detector Settings: _____

Location Rating: | 1 | 2 | 3 | 4 | 5 | 6 | 7 | 8 | 9 | 10 |

Poor ◄━━━━━━━ ━━━━━━━► Excellent

Items Found:

_____

_____

_____

_____

_____

_____

_____

_____

_____

_____

Notes:

_____

_____

_____

_____

_____

Location: _____

Date: _____ Weather: _____

GPS Coordinates: _____

Metal Detector Model: _____

Metal Detector Settings: _____

Location Rating: | 1 | 2 | 3 | 4 | 5 | 6 | 7 | 8 | 9 | 10 |

Poor ◄———————— ————————► Excellent

Items Found:

_____

_____

_____

_____

_____

_____

_____

_____

_____

_____

_____

Notes:

_____

_____

_____

_____

Location: _____

Date: _____ Weather: _____

GPS Coordinates: _____

Metal Detector Model: _____

Metal Detector Settings: _____

Location Rating: | 1 | 2 | 3 | 4 | 5 | 6 | 7 | 8 | 9 | 10 |

Poor ◄————————— —————————► Excellent

Items Found:

_____

_____

_____

_____

_____

_____

_____

_____

_____

_____

_____

Notes:

_____

_____

_____

_____

_____

Location: _____

Date: _____ Weather: _____

GPS Coordinates: _____

Metal Detector Model: _____

Metal Detector Settings: _____

Location Rating: | 1 | | 2 | | 3 | | 4 | | 5 | | 6 | | 7 | | 8 | | 9 | | 10 |

Poor ◄——————— ———————► Excellent

Items Found:

_____

_____

_____

_____

_____

_____

_____

_____

_____

_____

_____

Notes:

_____

_____

_____

_____

_____

Location: _____

Date: _____   Weather: _____

GPS Coordinates: _____

Metal Detector Model: _____

Metal Detector Settings: _____

Location Rating: | 1 | 2 | 3 | 4 | 5 | 6 | 7 | 8 | 9 | 10 |
Poor ◄————————— —————————► Excellent

Items Found:
_____
_____
_____
_____
_____
_____
_____
_____
_____
_____
_____

Notes:
_____
_____
_____
_____
_____

Location: _____

Date: _____ Weather: _____

GPS Coordinates: _____

Metal Detector Model: _____

Metal Detector Settings: _____

Location Rating: | 1 | | 2 | | 3 | | 4 | | 5 | | 6 | | 7 | | 8 | | 9 | | 10 |
Poor ◄—————— ——————► Excellent

Items Found:

_____

_____

_____

_____

_____

_____

_____

_____

_____

_____

_____

Notes:

_____

_____

_____

_____

_____

Location: _____

Date: _____ Weather: _____

GPS Coordinates: _____

Metal Detector Model: _____

Metal Detector Settings: _____

Location Rating: ⬚1 ⬚2 ⬚3 ⬚4 ⬚5 ⬚6 ⬚7 ⬚8 ⬚9 ⬚10
Poor ◄───────── ─────────► Excellent

Items Found:

_____
_____
_____
_____
_____
_____
_____
_____
_____
_____
_____

Notes:

_____
_____
_____
_____

Location: _____

Date: _____ Weather: _____

GPS Coordinates: _____

Metal Detector Model: _____

Metal Detector Settings: _____

Location Rating: [1] [2] [3] [4] [5] [6] [7] [8] [9] [10]

Poor ◀─────── ───────▶ Excellent

Items Found:

_____
_____
_____
_____
_____
_____
_____
_____
_____
_____
_____

Notes:

_____
_____
_____
_____

Location: _____

Date: _____ Weather: _____

GPS Coordinates: _____

Metal Detector Model: _____

Metal Detector Settings: _____

Location Rating: | 1 | 2 | 3 | 4 | 5 | 6 | 7 | 8 | 9 | 10 |
Poor ◀━━━━━━━━   ━━━━━━━━▶ Excellent

Items Found:

_____

_____

_____

_____

_____

_____

_____

_____

_____

_____

_____

Notes:

_____

_____

_____

_____

_____

Location: _____

Date: _____ Weather: _____

GPS Coordinates: _____

Metal Detector Model: _____

Metal Detector Settings: _____

Location Rating: | 1 | | 2 | | 3 | | 4 | | 5 | | 6 | | 7 | | 8 | | 9 | | 10 |

Poor ◄———————————— ————————————► Excellent

Items Found:

_____

_____

_____

_____

_____

_____

_____

_____

_____

_____

_____

Notes:

_____

_____

_____

_____

Location: _____

Date: _____   Weather: _____

GPS Coordinates: _____

Metal Detector Model: _____

Metal Detector Settings: _____

Location Rating: | 1 | | 2 | | 3 | | 4 | | 5 | | 6 | | 7 | | 8 | | 9 | | 10 |
Poor ◄————————— —————————► Excellent

Items Found:

_____
_____
_____
_____
_____
_____
_____
_____
_____
_____
_____

Notes:

_____
_____
_____
_____

Location: _____

Date: _____ Weather: _____

GPS Coordinates: _____

Metal Detector Model: _____

Metal Detector Settings: _____

Location Rating: | 1 | | 2 | | 3 | | 4 | | 5 | | 6 | | 7 | | 8 | | 9 | | 10 |

Poor ◄—————————— ——————————► Excellent

Items Found:

_____

_____

_____

_____

_____

_____

_____

_____

_____

_____

_____

Notes:

_____

_____

_____

_____

Location: _____

Date: _____ Weather: _____

GPS Coordinates: _____

Metal Detector Model: _____

Metal Detector Settings: _____

Location Rating: | 1 | 2 | 3 | 4 | 5 | 6 | 7 | 8 | 9 | 10 |

Poor ◄─────────── ───────────► Excellent

Items Found:

_____

_____

_____

_____

_____

_____

_____

_____

_____

_____

_____

Notes:

_____

_____

_____

_____

Location: _____

Date: _____   Weather: _____

GPS Coordinates: _____

Metal Detector Model: _____

Metal Detector Settings: _____

Location Rating: | 1 | 2 | 3 | 4 | 5 | 6 | 7 | 8 | 9 | 10 |

Poor ◄━━━━━━━ ━━━━━━━► Excellent

Items Found:

_____
_____
_____
_____
_____
_____
_____
_____
_____
_____

Notes:

_____
_____
_____
_____

Location: _____

Date: _____ Weather: _____

GPS Coordinates: _____

Metal Detector Model: _____

Metal Detector Settings: _____

Location Rating: | 1 | | 2 | | 3 | | 4 | | 5 | | 6 | | 7 | | 8 | | 9 | | 10 |

Poor ◄─────────── ───────────► Excellent

Items Found:

_____
_____
_____
_____
_____
_____
_____
_____
_____
_____
_____
_____

Notes:

_____
_____
_____
_____

Location: _____

Date: _____   Weather: _____

GPS Coordinates: _____

Metal Detector Model: _____

Metal Detector Settings: _____

Location Rating:
| 1 | 2 | 3 | 4 | 5 | 6 | 7 | 8 | 9 | 10 |

Poor ◄――――――――――――――――► Excellent

Items Found:

_____
_____
_____
_____
_____
_____
_____
_____
_____
_____

Notes:

_____
_____
_____
_____

Location: _____

Date: _____   Weather: _____

GPS Coordinates: _____

Metal Detector Model: _____

Metal Detector Settings: _____

Location Rating: [1] [2] [3] [4] [5] [6] [7] [8] [9] [10]
                  Poor ◄────── ──────► Excellent

Items Found:

_____

_____

_____

_____

_____

_____

_____

_____

_____

_____

_____

Notes:

_____

_____

_____

_____

Location: _____

Date: _____ Weather: _____

GPS Coordinates: _____

Metal Detector Model: _____

Metal Detector Settings: _____

Location Rating: | 1 | 2 | 3 | 4 | 5 | 6 | 7 | 8 | 9 | 10 |

Poor ⟵—————— ——————⟶ Excellent

Items Found:

_____
_____
_____
_____
_____
_____
_____
_____
_____
_____
_____

Notes:

_____
_____
_____
_____

Location: _____

Date: _____ Weather: _____

GPS Coordinates: _____

Metal Detector Model: _____

Metal Detector Settings: _____

Location Rating: | 1 | | 2 | | 3 | | 4 | | 5 | | 6 | | 7 | | 8 | | 9 | | 10 |

Poor ◄————————— —————————► Excellent

Items Found:

_____

_____

_____

_____

_____

_____

_____

_____

_____

_____

_____

_____

_____

Notes:

_____

_____

_____

_____

_____

Location: _____

Date: _____ Weather: _____

GPS Coordinates: _____

Metal Detector Model: _____

Metal Detector Settings: _____

Location Rating: | 1 | 2 | 3 | 4 | 5 | 6 | 7 | 8 | 9 | 10 |

Poor ◄——————————— ———————————► Excellent

Items Found:

_____

_____

_____

_____

_____

_____

_____

_____

_____

_____

Notes:

_____

_____

_____

_____

Location: _____

Date: _____ Weather: _____

GPS Coordinates: _____

Metal Detector Model: _____

Metal Detector Settings: _____

Location Rating: | 1 | | 2 | | 3 | | 4 | | 5 | | 6 | | 7 | | 8 | | 9 | | 10 |
Poor ⟵———— ————⟶ Excellent

Items Found:

_____

_____

_____

_____

_____

_____

_____

_____

_____

_____

Notes:

_____

_____

_____

_____

Location: _____

Date: _____ Weather: _____

GPS Coordinates: _____

Metal Detector Model: _____

Metal Detector Settings: _____

Location Rating: | 1 | | 2 | | 3 | | 4 | | 5 | | 6 | | 7 | | 8 | | 9 | | 10 |

Poor ◄——————— ———————► Excellent

Items Found:

_____

_____

_____

_____

_____

_____

_____

_____

_____

_____

_____

Notes:

_____

_____

_____

_____

_____

Location: _____

Date: _____ Weather: _____

GPS Coordinates: _____

Metal Detector Model: _____

Metal Detector Settings: _____

Location Rating: [1] [2] [3] [4] [5] [6] [7] [8] [9] [10]
                  Poor ◄───────────── ─────────────► Excellent

Items Found:
_____

_____

_____

_____

_____

_____

_____

_____

_____

_____

_____

Notes:
_____

_____

_____

_____

_____

Location: _____

Date: _____ Weather: _____

GPS Coordinates: _____

Metal Detector Model: _____

Metal Detector Settings: _____

Location Rating: | 1 | | 2 | | 3 | | 4 | | 5 | | 6 | | 7 | | 8 | | 9 | | 10 |

Poor ◄─────────── ──────────► Excellent

Items Found:

_____

_____

_____

_____

_____

_____

_____

_____

_____

_____

_____

Notes:

_____

_____

_____

_____

Location: _____

Date: _____   Weather: _____

GPS Coordinates: _____

Metal Detector Model: _____

Metal Detector Settings: _____

Location Rating: | 1 | 2 | 3 | 4 | 5 | 6 | 7 | 8 | 9 | 10 |

Poor ◀━━━━━━━   ━━━━━━━▶ Excellent

Items Found:

_____
_____
_____
_____
_____
_____
_____
_____
_____
_____
_____

Notes:

_____
_____
_____
_____
_____

Location: _____

Date: _____ Weather: _____

GPS Coordinates: _____

Metal Detector Model: _____

Metal Detector Settings: _____

Location Rating: | 1 | | 2 | | 3 | | 4 | | 5 | | 6 | | 7 | | 8 | | 9 | | 10 |
Poor ◄——————— ————————► Excellent

Items Found:

_____

_____

_____

_____

_____

_____

_____

_____

_____

_____

_____

Notes:

_____

_____

_____

_____

_____

Location: _____

Date: _____ Weather: _____

GPS Coordinates: _____

Metal Detector Model: _____

Metal Detector Settings: _____

Location Rating: | 1 | 2 | 3 | 4 | 5 | 6 | 7 | 8 | 9 | 10 |

Poor ◄——————— ———————► Excellent

Items Found:

_____
_____
_____
_____
_____
_____
_____
_____
_____
_____
_____

Notes:

_____
_____
_____
_____
_____

Location: _____

Date: _____ Weather: _____

GPS Coordinates: _____

Metal Detector Model: _____

Metal Detector Settings: _____

Location Rating: [1] [2] [3] [4] [5] [6] [7] [8] [9] [10]
              Poor ◄—————— ——————► Excellent

Items Found:

_____

_____

_____

_____

_____

_____

_____

_____

_____

_____

Notes:

_____

_____

_____

_____

Location: _____

Date: _____ Weather: _____

GPS Coordinates: _____

Metal Detector Model: _____

Metal Detector Settings: _____

Location Rating: | 1 | 2 | 3 | 4 | 5 | 6 | 7 | 8 | 9 | 10 |

Poor ◄————————— —————————► Excellent

Items Found:

_____

_____

_____

_____

_____

_____

_____

_____

_____

_____

_____

Notes:

_____

_____

_____

_____

_____

Location: _____

Date: _____ Weather: _____

GPS Coordinates: _____

Metal Detector Model: _____

Metal Detector Settings: _____

Location Rating: | 1 | | 2 | | 3 | | 4 | | 5 | | 6 | | 7 | | 8 | | 9 | | 10 |

Poor ◄——————   ——————► Excellent

Items Found:

_____

_____

_____

_____

_____

_____

_____

_____

_____

_____

Notes:

_____

_____

_____

_____

Location: _____

Date: _____ Weather: _____

GPS Coordinates: _____

Metal Detector Model: _____

Metal Detector Settings: _____

Location Rating: | 1 | 2 | 3 | 4 | 5 | 6 | 7 | 8 | 9 | 10 |

Poor ◄———————————— ————————————► Excellent

Items Found:

_____

_____

_____

_____

_____

_____

_____

_____

_____

_____

_____

Notes:

_____

_____

_____

_____

_____

Location: _____

Date: _____   Weather: _____

GPS Coordinates: _____

Metal Detector Model: _____

Metal Detector Settings: _____

Location Rating: | 1 | | 2 | | 3 | | 4 | | 5 | | 6 | | 7 | | 8 | | 9 | | 10 |
Poor ⬅———————— ————————➡ Excellent

Items Found:

_____

_____

_____

_____

_____

_____

_____

_____

_____

_____

Notes:

_____

_____

_____

_____

Location: _____

Date: _____ Weather: _____

GPS Coordinates: _____

Metal Detector Model: _____

Metal Detector Settings: _____

Location Rating: | 1 | | 2 | | 3 | | 4 | | 5 | | 6 | | 7 | | 8 | | 9 | | 10 |

Poor ◄━━━━━━━ ━━━━━━━► Excellent

Items Found:

_____

_____

_____

_____

_____

_____

_____

_____

_____

_____

Notes:

_____

_____

_____

_____

_____

Location: _____

Date: _____ Weather: _____

GPS Coordinates: _____

Metal Detector Model: _____

Metal Detector Settings: _____

Location Rating: | 1 | 2 | 3 | 4 | 5 | 6 | 7 | 8 | 9 | 10 |

Poor ◄————————   ————————► Excellent

Items Found:

_____

_____

_____

_____

_____

_____

_____

_____

_____

_____

_____

Notes:

_____

_____

_____

_____

Location: _____

Date: _____ Weather: _____

GPS Coordinates: _____

Metal Detector Model: _____

Metal Detector Settings: _____

Location Rating: | 1 | | 2 | | 3 | | 4 | | 5 | | 6 | | 7 | | 8 | | 9 | | 10 |

Poor ◄───────────── ─────────────► Excellent

Items Found:

_____

_____

_____

_____

_____

_____

_____

_____

_____

_____

_____

_____

Notes:

_____

_____

_____

_____

_____

Location: _____

Date: _____ Weather: _____

GPS Coordinates: _____

Metal Detector Model: _____

Metal Detector Settings: _____

Location Rating: | 1 | | 2 | | 3 | | 4 | | 5 | | 6 | | 7 | | 8 | | 9 | | 10 |

Poor ◄———————— ————————► Excellent

Items Found:

_____

_____

_____

_____

_____

_____

_____

_____

_____

_____

_____

Notes:

_____

_____

_____

_____

_____

Location: _____

Date: _____ Weather: _____

GPS Coordinates: _____

Metal Detector Model: _____

Metal Detector Settings: _____

Location Rating: [1] [2] [3] [4] [5] [6] [7] [8] [9] [10]

Poor ◄━━━━━━━━   ━━━━━━━► Excellent

Items Found:

_____
_____
_____
_____
_____
_____
_____
_____
_____
_____
_____

Notes:

_____
_____
_____
_____
_____

Location: _____

Date: _____ Weather: _____

GPS Coordinates: _____

Metal Detector Model: _____

Metal Detector Settings: _____

Location Rating: | 1 | | 2 | | 3 | | 4 | | 5 | | 6 | | 7 | | 8 | | 9 | | 10 |

Poor ◄———————— ————————► Excellent

Items Found:

_____

_____

_____

_____

_____

_____

_____

_____

_____

_____

_____

Notes:

_____

_____

_____

_____

Location: _____

Date: _____ Weather: _____

GPS Coordinates: _____

Metal Detector Model: _____

Metal Detector Settings: _____

Location Rating: | 1 | | 2 | | 3 | | 4 | | 5 | | 6 | | 7 | | 8 | | 9 | | 10 |

Poor ◄━━━━━━━━ ━━━━━━━► Excellent

Items Found:

_____

_____

_____

_____

_____

_____

_____

_____

_____

_____

_____

Notes:

_____

_____

_____

_____

_____

Location: _____

Date: _____   Weather: _____

GPS Coordinates: _____

Metal Detector Model: _____

Metal Detector Settings: _____

Location Rating: | 1 | 2 | 3 | 4 | 5 | 6 | 7 | 8 | 9 | 10 |

Poor ◄——————   ——————► Excellent

Items Found:

_____
_____
_____
_____
_____
_____
_____
_____
_____
_____

Notes:

_____
_____
_____
_____
_____

Location: _____

Date: _____   Weather: _____

GPS Coordinates: _____

Metal Detector Model: _____

Metal Detector Settings: _____

Location Rating: | 1 | | 2 | | 3 | | 4 | | 5 | | 6 | | 7 | | 8 | | 9 | | 10 |

Poor ◄———————— ————————► Excellent

Items Found:

_____

_____

_____

_____

_____

_____

_____

_____

_____

_____

_____

Notes:

_____

_____

_____

_____

_____

Location: _____

Date: _____ Weather: _____

GPS Coordinates: _____

Metal Detector Model: _____

Metal Detector Settings: _____

Location Rating: | 1 | 2 | 3 | 4 | 5 | 6 | 7 | 8 | 9 | 10 |

Poor ◄————————   ————————► Excellent

Items Found:

_____
_____
_____
_____
_____
_____
_____
_____
_____
_____
_____

Notes:

_____
_____
_____
_____
_____

Location: _____

Date: _____ Weather: _____

GPS Coordinates: _____

Metal Detector Model: _____

Metal Detector Settings: _____

Location Rating: | 1 | 2 | 3 | 4 | 5 | 6 | 7 | 8 | 9 | 10 |

Poor ⟵————   ————⟶ Excellent

Items Found:

_____

_____

_____

_____

_____

_____

_____

_____

_____

_____

_____

Notes:

_____

_____

_____

_____

_____

Location: _____

Date: _____   Weather: _____

GPS Coordinates: _____

Metal Detector Model: _____

Metal Detector Settings: _____

Location Rating: [1] [2] [3] [4] [5] [6] [7] [8] [9] [10]

Poor ◄—————— ——————► Excellent

Items Found:

_____

_____

_____

_____

_____

_____

_____

_____

_____

_____

_____

Notes:

_____

_____

_____

_____

_____

Location: _____

Date: _____ Weather: _____

GPS Coordinates: _____

Metal Detector Model: _____

Metal Detector Settings: _____

Location Rating: | 1 | 2 | 3 | 4 | 5 | 6 | 7 | 8 | 9 | 10 |

Poor ◄――――― ――――► Excellent

Items Found:

_____

_____

_____

_____

_____

_____

_____

_____

_____

_____

Notes:

_____

_____

_____

_____

_____

Location: _____

Date: _____ Weather: _____

GPS Coordinates: _____

Metal Detector Model: _____

Metal Detector Settings: _____

Location Rating: | 1 | 2 | 3 | 4 | 5 | 6 | 7 | 8 | 9 | 10 |

Poor ◄———————— ————————► Excellent

Items Found:

_____

_____

_____

_____

_____

_____

_____

_____

_____

_____

_____

Notes:

_____

_____

_____

_____

_____

Location: _____

Date: _____   Weather: _____

GPS Coordinates: _____

Metal Detector Model: _____

Metal Detector Settings: _____

Location Rating:　| 1 | 2 | 3 | 4 | 5 | 6 | 7 | 8 | 9 | 10 |

Poor ◄─────────── ───────────► Excellent

Items Found:

_____

_____

_____

_____

_____

_____

_____

_____

_____

_____

_____

Notes:

_____

_____

_____

_____

_____

Location: _____

Date: _____ Weather: _____

GPS Coordinates: _____

Metal Detector Model: _____

Metal Detector Settings: _____

Location Rating: | 1 | 2 | 3 | 4 | 5 | 6 | 7 | 8 | 9 | 10 |

Poor ◄——————— ———————► Excellent

Items Found:

_____
_____
_____
_____
_____
_____
_____
_____
_____
_____
_____

Notes:

_____
_____
_____
_____
_____

Location: _____

Date: _____ Weather: _____

GPS Coordinates: _____

Metal Detector Model: _____

Metal Detector Settings: _____

Location Rating: [1] [2] [3] [4] [5] [6] [7] [8] [9] [10]
Poor ◄━━━━━━━━━ ━━━━━━━► Excellent

Items Found:

_____

_____

_____

_____

_____

_____

_____

_____

_____

_____

Notes:

_____

_____

_____

_____

_____

Location: _____

Date: _____ Weather: _____

GPS Coordinates: _____

Metal Detector Model: _____

Metal Detector Settings: _____

Location Rating: | 1 | 2 | 3 | 4 | 5 | 6 | 7 | 8 | 9 | 10 |

Poor ◄——————— ———————► Excellent

Items Found:

_____
_____
_____
_____
_____
_____
_____
_____
_____
_____

Notes:

_____
_____
_____
_____
_____

Location: _____

Date: _____   Weather: _____

GPS Coordinates: _____

Metal Detector Model: _____

Metal Detector Settings: _____

Location Rating: | 1 | 2 | 3 | 4 | 5 | 6 | 7 | 8 | 9 | 10 |

Poor ⬅———————— ————————➡ Excellent

Items Found:

_____
_____
_____
_____
_____
_____
_____
_____
_____
_____
_____

Notes:

_____
_____
_____
_____
_____

Location: _____

Date: _____ Weather: _____

GPS Coordinates: _____

Metal Detector Model: _____

Metal Detector Settings: _____

Location Rating: | 1 | | 2 | | 3 | | 4 | | 5 | | 6 | | 7 | | 8 | | 9 | | 10 |

Poor ◄—————— ——————► Excellent

Items Found:

_____
_____
_____
_____
_____
_____
_____
_____
_____
_____
_____
_____

Notes:

_____
_____
_____
_____

Location: _____

Date: _____ Weather: _____

GPS Coordinates: _____

Metal Detector Model: _____

Metal Detector Settings: _____

Location Rating: | 1 | 2 | 3 | 4 | 5 | 6 | 7 | 8 | 9 | 10 |

Poor ◄———————— ————————► Excellent

Items Found:

_____
_____
_____
_____
_____
_____
_____
_____
_____
_____
_____

Notes:

_____
_____
_____
_____
_____

Location: _____

Date: _____ Weather: _____

GPS Coordinates: _____

Metal Detector Model: _____

Metal Detector Settings: _____

Location Rating: | 1 | 2 | 3 | 4 | 5 | 6 | 7 | 8 | 9 | 10 |

Poor ◄—————— ——————► Excellent

Items Found:

_____

_____

_____

_____

_____

_____

_____

_____

_____

_____

_____

Notes:

_____

_____

_____

_____

Location: _____

Date: _____ Weather: _____

GPS Coordinates: _____

Metal Detector Model: _____

Metal Detector Settings: _____

Location Rating: | 1 | 2 | 3 | 4 | 5 | 6 | 7 | 8 | 9 | 10 |

Poor ◄——————— ———————► Excellent

Items Found:

_____
_____
_____
_____
_____
_____
_____
_____
_____
_____
_____

Notes:

_____
_____
_____
_____
_____

Location: _____

Date: _____ Weather: _____

GPS Coordinates: _____

Metal Detector Model: _____

Metal Detector Settings: _____

Location Rating: | 1 | 2 | 3 | 4 | 5 | 6 | 7 | 8 | 9 | 10 |

Poor ◄———————   ———————► Excellent

Items Found:

_____

_____

_____

_____

_____

_____

_____

_____

_____

_____

_____

_____

Notes:

_____

_____

_____

_____

Location: _____

Date: _____ Weather: _____

GPS Coordinates: _____

Metal Detector Model: _____

Metal Detector Settings: _____

Location Rating: | 1 | 2 | 3 | 4 | 5 | 6 | 7 | 8 | 9 | 10 |

Poor ◄───────────── ─────────────► Excellent

Items Found:

_____

_____

_____

_____

_____

_____

_____

_____

_____

_____

_____

Notes:

_____

_____

_____

_____

_____

Location: _____

Date: _____ Weather: _____

GPS Coordinates: _____

Metal Detector Model: _____

Metal Detector Settings: _____

Location Rating: | 1 | | 2 | | 3 | | 4 | | 5 | | 6 | | 7 | | 8 | | 9 | | 10 |
Poor ⬅——————— ———————➡ Excellent

Items Found:

_____
_____
_____
_____
_____
_____
_____
_____
_____
_____
_____

Notes:

_____
_____
_____
_____
_____

Location: _____

Date: _____ Weather: _____

GPS Coordinates: _____

Metal Detector Model: _____

Metal Detector Settings: _____

Location Rating: [1] [2] [3] [4] [5] [6] [7] [8] [9] [10]
Poor ◄——————— ———————► Excellent

Items Found:

_____

_____

_____

_____

_____

_____

_____

_____

_____

_____

_____

Notes:

_____

_____

_____

_____

_____

Location: _____

Date: _____ Weather: _____

GPS Coordinates: _____

Metal Detector Model: _____

Metal Detector Settings: _____

Location Rating: [1] [2] [3] [4] [5] [6] [7] [8] [9] [10]

Poor ◄——————— ———————► Excellent

Items Found:

_____

_____

_____

_____

_____

_____

_____

_____

_____

_____

_____

Notes:

_____

_____

_____

_____

_____

Location: _____

Date: _____ Weather: _____

GPS Coordinates: _____

Metal Detector Model: _____

Metal Detector Settings: _____

Location Rating: | 1 | | 2 | | 3 | | 4 | | 5 | | 6 | | 7 | | 8 | | 9 | | 10 |

Poor ◄———————— ————————► Excellent

Items Found:

_____

_____

_____

_____

_____

_____

_____

_____

_____

_____

_____

Notes:

_____

_____

_____

_____

Location: _____

Date: _____ Weather: _____

GPS Coordinates: _____

Metal Detector Model: _____

Metal Detector Settings: _____

Location Rating: | 1 | 2 | 3 | 4 | 5 | 6 | 7 | 8 | 9 | 10 |

Poor ◄——————— ————————► Excellent

Items Found:

_____

_____

_____

_____

_____

_____

_____

_____

_____

_____

_____

Notes:

_____

_____

_____

_____

_____

Location: _____

Date: _____ Weather: _____

GPS Coordinates: _____

Metal Detector Model: _____

Metal Detector Settings: _____

Location Rating: | 1 | 2 | 3 | 4 | 5 | 6 | 7 | 8 | 9 | 10 |

Poor ◄━━━━━━━ ━━━━━━━► Excellent

Items Found:

_____

_____

_____

_____

_____

_____

_____

_____

_____

_____

_____

_____

Notes:

_____

_____

_____

_____

_____

Location: _____

Date: _____   Weather: _____

GPS Coordinates: _____

Metal Detector Model: _____

Metal Detector Settings: _____

Location Rating: | 1 | 2 | 3 | 4 | 5 | 6 | 7 | 8 | 9 | 10 |

Poor ◀━━━━━   ━━━━━▶ Excellent

Items Found:

_____

_____

_____

_____

_____

_____

_____

_____

_____

_____

Notes:

_____

_____

_____

_____

_____

Location: _____

Date: _____   Weather: _____

GPS Coordinates: _____

Metal Detector Model: _____

Metal Detector Settings: _____

Location Rating: | 1 | 2 | 3 | 4 | 5 | 6 | 7 | 8 | 9 | 10 |

Poor ◄——————— ———————► Excellent

Items Found:

_____

_____

_____

_____

_____

_____

_____

_____

_____

_____

_____

Notes:

_____

_____

_____

_____

_____

Location: _____

Date: _____ Weather: _____

GPS Coordinates: _____

Metal Detector Model: _____

Metal Detector Settings: _____

Location Rating: | 1 | | 2 | | 3 | | 4 | | 5 | | 6 | | 7 | | 8 | | 9 | | 10 |

Poor ⟵——————— ———————⟶ Excellent

Items Found:

_____

_____

_____

_____

_____

_____

_____

_____

_____

_____

_____

Notes:

_____

_____

_____

_____

_____

Location: _____

Date: _____   Weather: _____

GPS Coordinates: _____

Metal Detector Model: _____

Metal Detector Settings: _____

Location Rating: | 1 | 2 | 3 | 4 | 5 | 6 | 7 | 8 | 9 | 10 |

Poor ◀━━━━━━━━ ━━━━━━━▶ Excellent

Items Found:

_____

_____

_____

_____

_____

_____

_____

_____

_____

_____

Notes:

_____

_____

_____

_____

_____

Location: _____

Date: _____ Weather: _____

GPS Coordinates: _____

Metal Detector Model: _____

Metal Detector Settings: _____

Location Rating: | 1 | | 2 | | 3 | | 4 | | 5 | | 6 | | 7 | | 8 | | 9 | | 10 |

Poor ◄———————— ————————► Excellent

Items Found:

_____

_____

_____

_____

_____

_____

_____

_____

_____

_____

Notes:

_____

_____

_____

_____

Location: _____

Date: _____ Weather: _____

GPS Coordinates: _____

Metal Detector Model: _____

Metal Detector Settings: _____

Location Rating: | 1 | 2 | 3 | 4 | 5 | 6 | 7 | 8 | 9 | 10 |
Poor ◄———————— ————————► Excellent

Items Found:

_____

_____

_____

_____

_____

_____

_____

_____

_____

_____

_____

Notes:

_____

_____

_____

_____

_____

Location: _____

Date: _____ Weather: _____

GPS Coordinates: _____

Metal Detector Model: _____

Metal Detector Settings: _____

Location Rating:
| 1 | 2 | 3 | 4 | 5 | 6 | 7 | 8 | 9 | 10 |

Poor ◄———————— ————————► Excellent

Items Found:

_____
_____
_____
_____
_____
_____
_____
_____
_____
_____
_____

Notes:

_____
_____
_____
_____
_____

Location: _____

Date: _____   Weather: _____

GPS Coordinates: _____

Metal Detector Model: _____

Metal Detector Settings: _____

Location Rating:　| 1 | 2 | 3 | 4 | 5 | 6 | 7 | 8 | 9 | 10 |
Poor ◀━━━━━━━ ━━━━━━━▶ Excellent

Items Found:

_____

_____

_____

_____

_____

_____

_____

_____

_____

_____

_____

Notes:

_____

_____

_____

_____

_____

Location: _____

Date: _____ Weather: _____

GPS Coordinates: _____

Metal Detector Model: _____

Metal Detector Settings: _____

Location Rating: | 1 | 2 | 3 | 4 | 5 | 6 | 7 | 8 | 9 | 10 |

Poor ◄————————   ————————► Excellent

Items Found:

_____

_____

_____

_____

_____

_____

_____

_____

_____

_____

_____

Notes:

_____

_____

_____

_____

Location: _____

Date: _____ Weather: _____

GPS Coordinates: _____

Metal Detector Model: _____

Metal Detector Settings: _____

Location Rating: | 1 | 2 | 3 | 4 | 5 | 6 | 7 | 8 | 9 | 10 |

Poor ◄—————— ——————► Excellent

Items Found:

_____

_____

_____

_____

_____

_____

_____

_____

_____

_____

Notes:

_____

_____

_____

_____

Location: _____

Date: _____ Weather: _____

GPS Coordinates: _____

Metal Detector Model: _____

Metal Detector Settings: _____

Location Rating: | 1 | 2 | 3 | 4 | 5 | 6 | 7 | 8 | 9 | 10 |

Poor ◄━━━━━━━━ ━━━━━━━━► Excellent

Items Found:

_____

_____

_____

_____

_____

_____

_____

_____

_____

_____

_____

Notes:

_____

_____

_____

_____

_____

Location: _____

Date: _____ Weather: _____

GPS Coordinates: _____

Metal Detector Model: _____

Metal Detector Settings: _____

Location Rating: | 1 | | 2 | | 3 | | 4 | | 5 | | 6 | | 7 | | 8 | | 9 | | 10 |

Poor ◀━━━━━━━━ ━━━━━━━▶ Excellent

Items Found:

_____

_____

_____

_____

_____

_____

_____

_____

_____

_____

_____

Notes:

_____

_____

_____

_____

_____

Location: _____

Date: _____ Weather: _____

GPS Coordinates: _____

Metal Detector Model: _____

Metal Detector Settings: _____

Location Rating: | 1 | 2 | 3 | 4 | 5 | 6 | 7 | 8 | 9 | 10 |

Poor ◄————————   ————————► Excellent

Items Found:

_____

_____

_____

_____

_____

_____

_____

_____

_____

_____

_____

Notes:

_____

_____

_____

_____

_____

Location: _____

Date: _____ Weather: _____

GPS Coordinates: _____

Metal Detector Model: _____

Metal Detector Settings: _____

Location Rating: | 1 | 2 | 3 | 4 | 5 | 6 | 7 | 8 | 9 | 10 |

Poor ◄───────── ─────────► Excellent

Items Found:

_____

_____

_____

_____

_____

_____

_____

_____

_____

_____

_____

Notes:

_____

_____

_____

_____

_____

Location: _____

Date: _____   Weather: _____

GPS Coordinates: _____

Metal Detector Model: _____

Metal Detector Settings: _____

Location Rating: | 1 | 2 | 3 | 4 | 5 | 6 | 7 | 8 | 9 | 10 |

Poor ◄─────────   ─────────► Excellent

Items Found:

_____

_____

_____

_____

_____

_____

_____

_____

_____

_____

_____

Notes:

_____

_____

_____

_____

_____

Location: _____

Date: _____ Weather: _____

GPS Coordinates: _____

Metal Detector Model: _____

Metal Detector Settings: _____

Location Rating: | 1 | | 2 | | 3 | | 4 | | 5 | | 6 | | 7 | | 8 | | 9 | | 10 |

Poor ◄——————————— ———————————► Excellent

Items Found:

_____

_____

_____

_____

_____

_____

_____

_____

_____

_____

_____

_____

Notes:

_____

_____

_____

_____

_____

Location: _____

Date: _____ Weather: _____

GPS Coordinates: _____

Metal Detector Model: _____

Metal Detector Settings: _____

Location Rating: [1] [2] [3] [4] [5] [6] [7] [8] [9] [10]

Poor ◄———————————— ————————————► Excellent

Items Found:

_____

_____

_____

_____

_____

_____

_____

_____

_____

_____

_____

Notes:

_____

_____

_____

_____

Location: _____

Date: _____ Weather: _____

GPS Coordinates: _____

Metal Detector Model: _____

Metal Detector Settings: _____

Location Rating: | 1 | 2 | 3 | 4 | 5 | 6 | 7 | 8 | 9 | 10 |

Poor ◄——————— ———————► Excellent

Items Found:

_____

_____

_____

_____

_____

_____

_____

_____

_____

_____

_____

Notes:

_____

_____

_____

_____

Location: _____

Date: _____ Weather: _____

GPS Coordinates: _____

Metal Detector Model: _____

Metal Detector Settings: _____

Location Rating: | 1 | | 2 | | 3 | | 4 | | 5 | | 6 | | 7 | | 8 | | 9 | | 10 |

Poor ◄─────────── ───────────► Excellent

Items Found:

_____

_____

_____

_____

_____

_____

_____

_____

_____

_____

_____

Notes:

_____

_____

_____

_____

Location: _____

Date: _____ Weather: _____

GPS Coordinates: _____

Metal Detector Model: _____

Metal Detector Settings: _____

Location Rating: | 1 | 2 | 3 | 4 | 5 | 6 | 7 | 8 | 9 | 10 |

Poor ◄———————— ————————► Excellent

Items Found:

_____

_____

_____

_____

_____

_____

_____

_____

_____

_____

Notes:

_____

_____

_____

_____

_____

Location: _____

Date: _____ Weather: _____

GPS Coordinates: _____

Metal Detector Model: _____

Metal Detector Settings: _____

Location Rating: | 1 | | 2 | | 3 | | 4 | | 5 | | 6 | | 7 | | 8 | | 9 | | 10 |

Poor ◄————————— —————————► Excellent

Items Found:

_____

_____

_____

_____

_____

_____

_____

_____

_____

_____

_____

Notes:

_____

_____

_____

_____

Location: _____

Date: _____ Weather: _____

GPS Coordinates: _____

Metal Detector Model: _____

Metal Detector Settings: _____

Location Rating: | 1 | | 2 | | 3 | | 4 | | 5 | | 6 | | 7 | | 8 | | 9 | | 10 |
Poor ◄————————— —————————► Excellent

Items Found:

_____

_____

_____

_____

_____

_____

_____

_____

_____

_____

Notes:

_____

_____

_____

_____

Location: _____

Date: _____ Weather: _____

GPS Coordinates: _____

Metal Detector Model: _____

Metal Detector Settings: _____

Location Rating: | 1 | 2 | 3 | 4 | 5 | 6 | 7 | 8 | 9 | 10 |

Poor ◄——————— ———————► Excellent

Items Found:

_____

_____

_____

_____

_____

_____

_____

_____

_____

_____

_____

_____

Notes:

_____

_____

_____

_____

_____

Location: _____

Date: _____   Weather: _____

GPS Coordinates: _____

Metal Detector Model: _____

Metal Detector Settings: _____

Location Rating: | 1 | 2 | 3 | 4 | 5 | 6 | 7 | 8 | 9 | 10 |
Poor ◄——————— ———————► Excellent

Items Found:

_____

_____

_____

_____

_____

_____

_____

_____

_____

_____

_____

Notes:

_____

_____

_____

_____

_____

Location: _____

Date: _____   Weather: _____

GPS Coordinates: _____

Metal Detector Model: _____

Metal Detector Settings: _____

Location Rating: | 1 | 2 | 3 | 4 | 5 | 6 | 7 | 8 | 9 | 10 |

Poor ◄─────────   ─────────► Excellent

Items Found:

_____
_____
_____
_____
_____
_____
_____
_____
_____
_____
_____

Notes:

_____
_____
_____
_____
_____

Location: _____

Date: _____ Weather: _____

GPS Coordinates: _____

Metal Detector Model: _____

Metal Detector Settings: _____

Location Rating: | 1 | 2 | 3 | 4 | 5 | 6 | 7 | 8 | 9 | 10 |

Poor ◄————————— —————————► Excellent

Items Found:

_____

_____

_____

_____

_____

_____

_____

_____

_____

_____

_____

Notes:

_____

_____

_____

_____

_____

Location: _____

Date: _____   Weather: _____

GPS Coordinates: _____

Metal Detector Model: _____

Metal Detector Settings: _____

Location Rating: | 1 | 2 | 3 | 4 | 5 | 6 | 7 | 8 | 9 | 10 |
Poor ◄————————   ————————► Excellent

Items Found:

_____

_____

_____

_____

_____

_____

_____

_____

_____

_____

_____

Notes:

_____

_____

_____

_____

_____

Location: _____

Date: _____   Weather: _____

GPS Coordinates: _____

Metal Detector Model: _____

Metal Detector Settings: _____

Location Rating: | 1 | 2 | 3 | 4 | 5 | 6 | 7 | 8 | 9 | 10 |
Poor ◄—————— ——————► Excellent

Items Found:
_____
_____
_____
_____
_____
_____
_____
_____
_____
_____
_____

Notes:
_____
_____
_____
_____
_____

Location: _____

Date: _____   Weather: _____

GPS Coordinates: _____

Metal Detector Model: _____

Metal Detector Settings: _____

Location Rating: | 1 | 2 | 3 | 4 | 5 | 6 | 7 | 8 | 9 | 10 |

Poor ◄————————— —————————► Excellent

Items Found:

_____

_____

_____

_____

_____

_____

_____

_____

_____

_____

_____

Notes:

_____

_____

_____

_____

_____

Location: _____

Date: _____   Weather: _____

GPS Coordinates: _____

Metal Detector Model: _____

Metal Detector Settings: _____

Location Rating: | 1 | 2 | 3 | 4 | 5 | 6 | 7 | 8 | 9 | 10 |

Poor ◄────────────── ──────────────► Excellent

Items Found:

_____
_____
_____
_____
_____
_____
_____
_____
_____
_____
_____

Notes:

_____
_____
_____
_____
_____

Location: _____

Date: _____ Weather: _____

GPS Coordinates: _____

Metal Detector Model: _____

Metal Detector Settings: _____

Location Rating: | 1 | 2 | 3 | 4 | 5 | 6 | 7 | 8 | 9 | 10 |

Poor ◄—————— ——————► Excellent

Items Found:

_____
_____
_____
_____
_____
_____
_____
_____
_____
_____
_____
_____

Notes:

_____
_____
_____
_____
_____

Location: _____

Date: _____ Weather: _____

GPS Coordinates: _____

Metal Detector Model: _____

Metal Detector Settings: _____

Location Rating: | 1 | 2 | 3 | 4 | 5 | 6 | 7 | 8 | 9 | 10 |

Poor ◄——————— ————————► Excellent

Items Found:

_____

_____

_____

_____

_____

_____

_____

_____

_____

_____

_____

_____

Notes:

_____

_____

_____

_____

_____

Location: _____

Date: _____ Weather: _____

GPS Coordinates: _____

Metal Detector Model: _____

Metal Detector Settings: _____

Location Rating: | 1 | 2 | 3 | 4 | 5 | 6 | 7 | 8 | 9 | 10 |

Poor ◄─────── ───────► Excellent

Items Found:

_____

_____

_____

_____

_____

_____

_____

_____

_____

_____

_____

Notes:

_____

_____

_____

_____

_____

Printed in Great Britain
by Amazon

27680366R00068